musée des arts décoratifs

palais du louvre

pavillon de marsan. 107. rue de rivoli. paris

3ᵉ exposition

de la

décoration française contemporaine

(fédération des industries d'art)

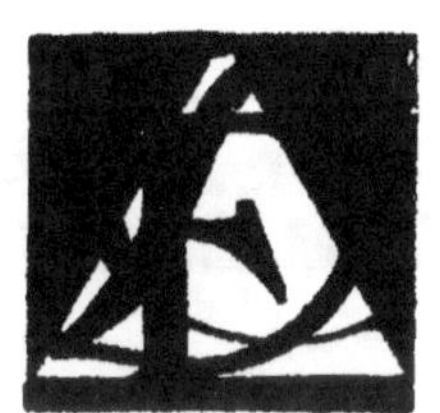

ameublement et décoration

23 janvier au 17 mars 1929

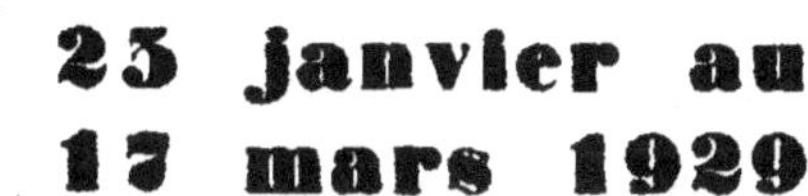

CATALOGUE **2** Fs

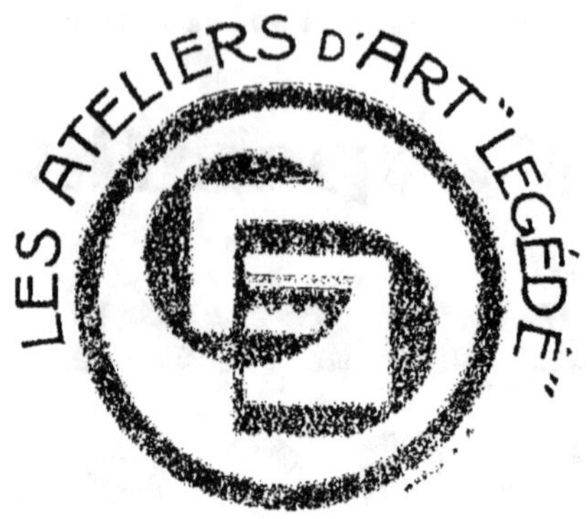

POUR ORNER LA TABLE ET EMBELLIR LE HOME

LES PLUS BELLES
PORCELAINES
DE LIMOGES
OBJETS D'ART
CRISTAUX

VERRERIE
ECLAIRAGE
ORFEVRERIE
FAIENCE
ET GRES

EXPOSITION PERMANENTE
ŒUVRES DE L'ELITE DES ARTISTES ET ARTISANS

LE GRAND DEPOT
21 ET 23 RUE DROUOT

AGENT EXCLUSIF POUR PARIS DE LA
MANUFACTURE NATIONALE DE SEVRES
MANUFACTURE ROYALE DE COPENHAGUE
DELAHERCHE·LALIQUE·JALLOT·SUBES

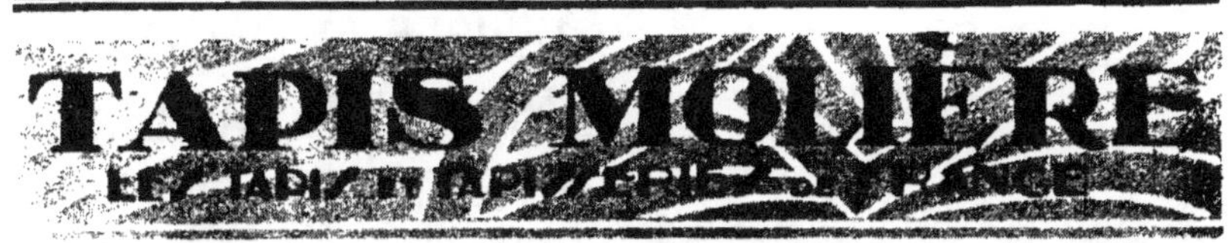

Société Anonyme, Industrielle, Commerciale, Artistique au Capital de 500 000 fr

II, RUE MOLIÈRE :: PARIS

PRÈS DE L'AVENUE DE L'OPÉRA

MOQUETTES UNIES ET A DESSIN

CARPETTES

TAPIS D'ORIENT

Styles anciens et moderne

MERCIER FRÈRES

CETTE MAISON, QUI COMPTE PARMI LES PLUS ANCIENNES DU
« FAUBOURG », A ÉTÉ FONDÉE EN 1828 PAR CLAUDE MERCIER,
ET SON DIRECTEUR ACTUEL, M. HENRI MERCIER, EST LE SUC-
CESSEUR DE SES PÈRE ET ONCLE, PAUL ET ARTHUR MERCIER,
DEPUIS 1897. UNE FIRME DE CETTE IMPORTANCE SE DEVAIT
D'ACCUEILLIR LES INITIATIVES LES PLUS HARDIES, ET CE
FUT AU RISQUE D'ENCOURIR DES BLAMES QUE, DÈS L'ANNÉE
1900, ELLE EXPOSA DES ENSEMBLES DÉCORATIFS MODERNES.
DEPUIS, ELLE A TOUJOURS SUIVI ATTENTIVEMENT L'ÉVOLUTION
DES ARTS DU MOBILIER ET Y A PARTICIPÉ. SON DIRECTEUR,
M. HENRI MERCIER, N'A CESSÉ DE JOUER LE ROLE D'ANIMA-
TEUR ET DE CONSEILLER ÉCOUTÉ DANS LA GRANDE CORPORA-
TION DE L'AMEUBLEMENT, AIDÉ DANS SES EFFORTS, DEPUIS
1920, PAR SON FILS, M. ANDRÉ MERCIER. LE MAGNIFIQUE
HOTEL DE L'AVENUE DES CHAMPS-ÉLYSÉES, OU LA MAISON
MERCIER EXPOSE SES MOBILIERS MODERNES, FUT ÉDIFIÉ A LA
SUITE D'UN CONCOURS OUVERT A TOUS LES ARCHITECTES MO-
DERNES FRANÇAIS ET ORGANISÉ SOUS LES AUSPICES DE LA
SOCIÉTÉ D'ENCOURAGEMENT A L'ART ET A L'INDUSTRIE.

LES VISITEURS DES VASTES MAGASINS DU FAUBOURG SAINT-
ANTOINE TROUVENT D'AILLEURS LA AUSSI UNE IMPORTANTE
COLLECTION DE MOBILIERS D'INSPIRATION MODERNE. LES MEU-
BLES Y SONT PRÉSENTÉS DANS LE CADRE QUI LEUR CONVIENT,
C'EST-A-DIRE QU'ILS SONT ENTOURÉS DES BIBELOTS ET OBJETS
D'ART APPROPRIÉS ET PLACÉS DANS UNE LUMIÈRE TRÈS AGRÉA-
BLE OBTENUE AU MOYEN D'APPAREILS D'ÉCLAIRAGE SAVAM-
MENT COMBINÉS. LE PUBLIC TROUVERA CHEZ MERCIER FRÈRES,
AUSSI BIEN 100, FAUBOURG SAINT-ANTOINE QU'AU PALAIS DE
MARBRE, 77, AVENUE DES CHAMPS-ÉLYSÉES, DES CENTAINES
D'ENSEMBLES DE TOUS LES STYLES, CONSTITUANT UN VÉRI-
TABLE MUSÉE D'ART DÉCORATIF DANS LEQUEL L'ART MODERNE
OCCUPE LARGEMENT SA PLACE.

LA MAISON MERCIER FRÈRES S'EST ADJOINT DEPUIS QUELQUES
ANNÉES, M. ERIC BAGGE, ARCHITECTE DE GRAND TALENT.

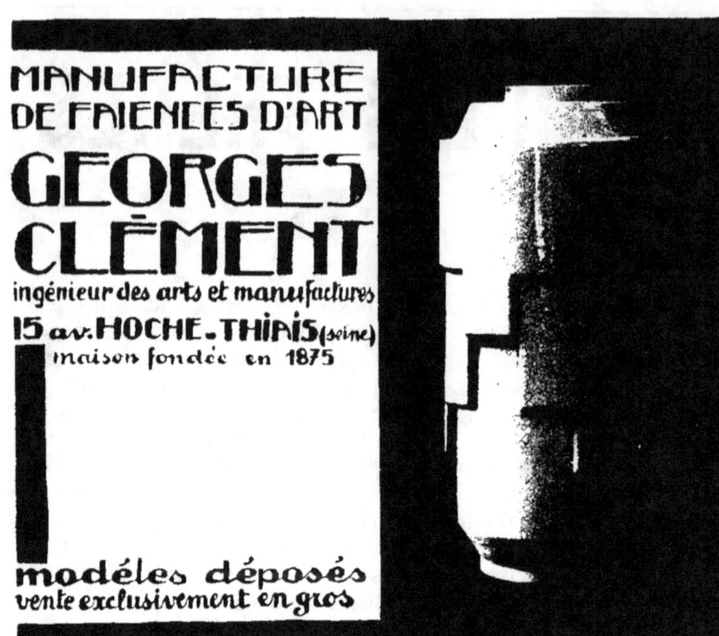

MANUFACTURE
DE FAIENCES D'ART
GEORGES
CLÉMENT
ingénieur des arts et manufactures
15 av. HOCHE - THIAIS (seine)
maison fondée en 1875
modéles déposés
vente exclusivement en gros

LEVIEIL
décorateur
18, rue la fayette
paris

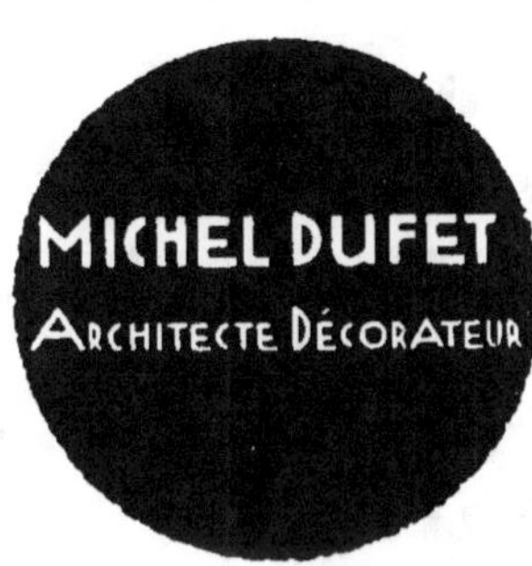

MICHEL DUFET
ARCHITECTE DÉCORATEUR

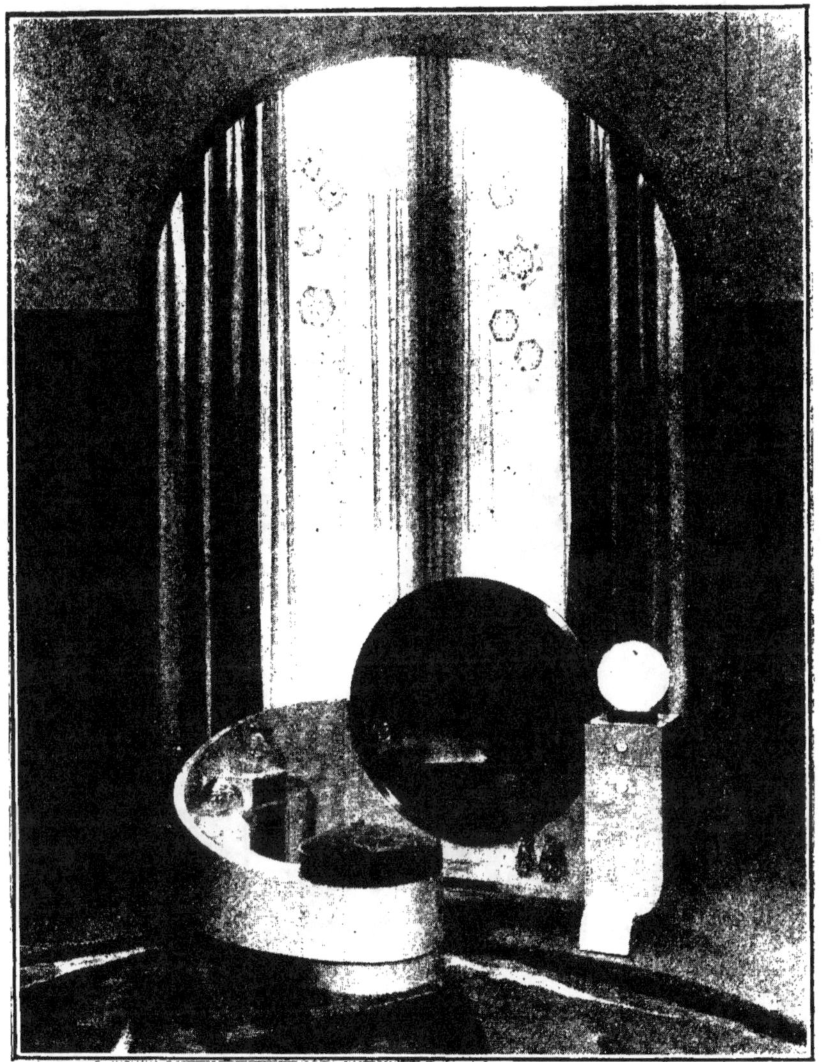

Intérieur féminin par SADDIER - Salon d'Automne 1928

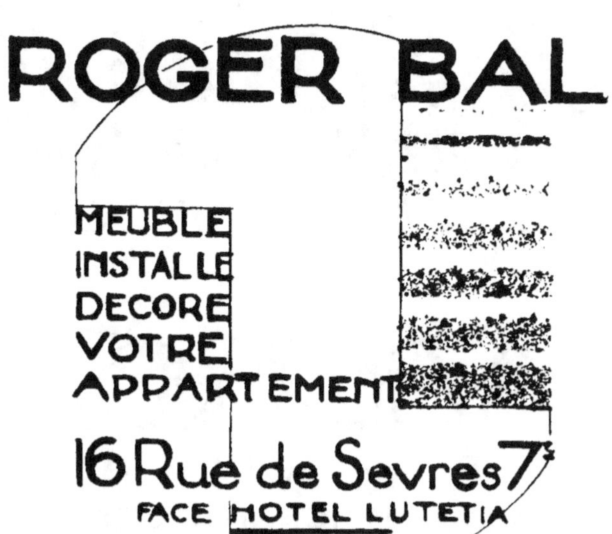

ROGER BAL
MEUBLE
INSTALLE
DECORE
VOTRE
APPARTEMENT
16 Rue de Sevres 7e
FACE HOTEL LUTETIA
EXPOSE ICI STAND 20 ESTRADE 6

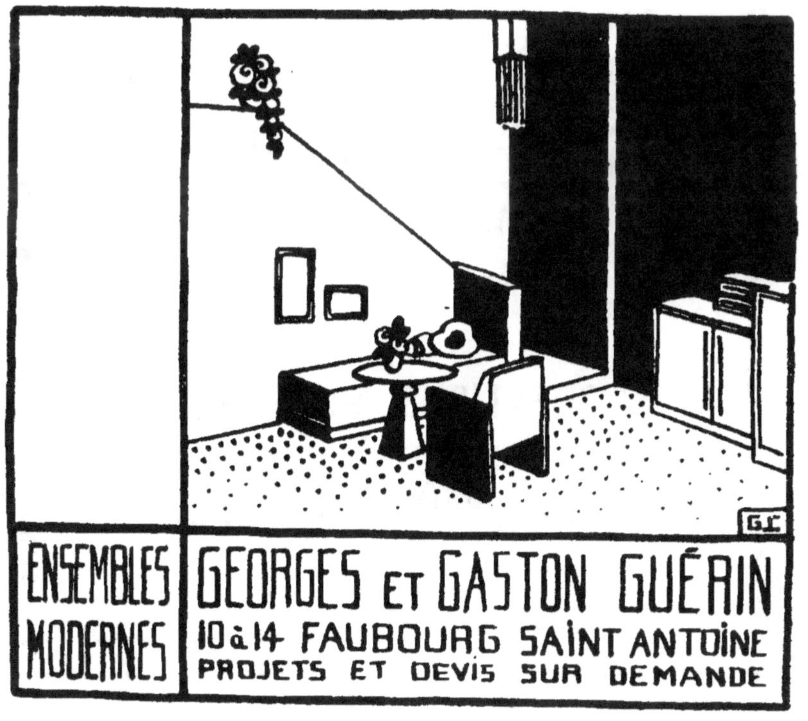

ENSEMBLES
MODERNES
GEORGES ET GASTON GUÉRIN
10 à 14 FAUBOURG SAINT ANTOINE
PROJETS ET DEVIS SUR DEMANDE

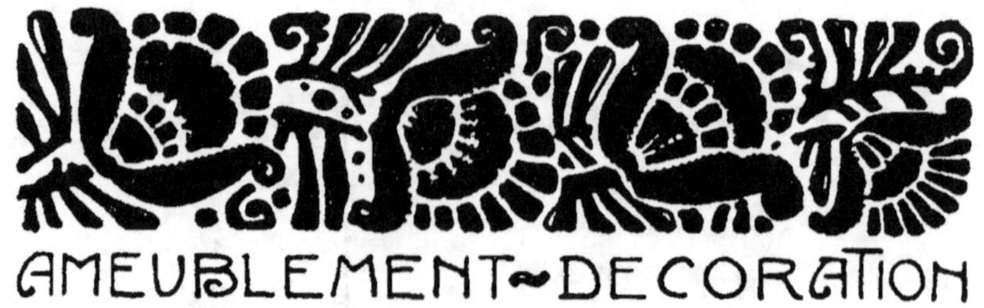

AMEUBLEMENT~DECORATION
VÉROT
FABRICANT
3 Boul^d RICHARD-LENOIR
TEL. Roqu^{tte} 34.78   PARIS

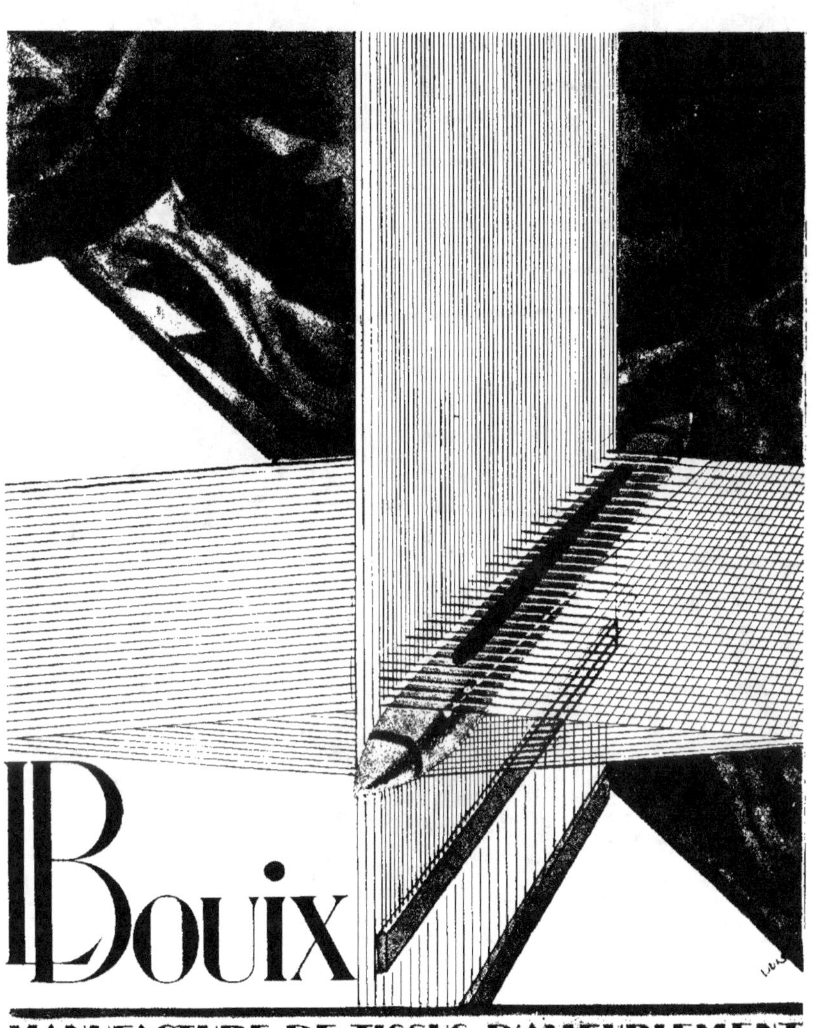
BOUIX
MANUFACTURE DE TISSUS D'AMEUBLEMENT
TAPISSERIES & TAPIS ᷾ 7 & 9, RUE DU MAIL, PARIS
CONCESSIONNAIRE EXCLUSIF DES TISSUS RODIER AMEUBLEMENT

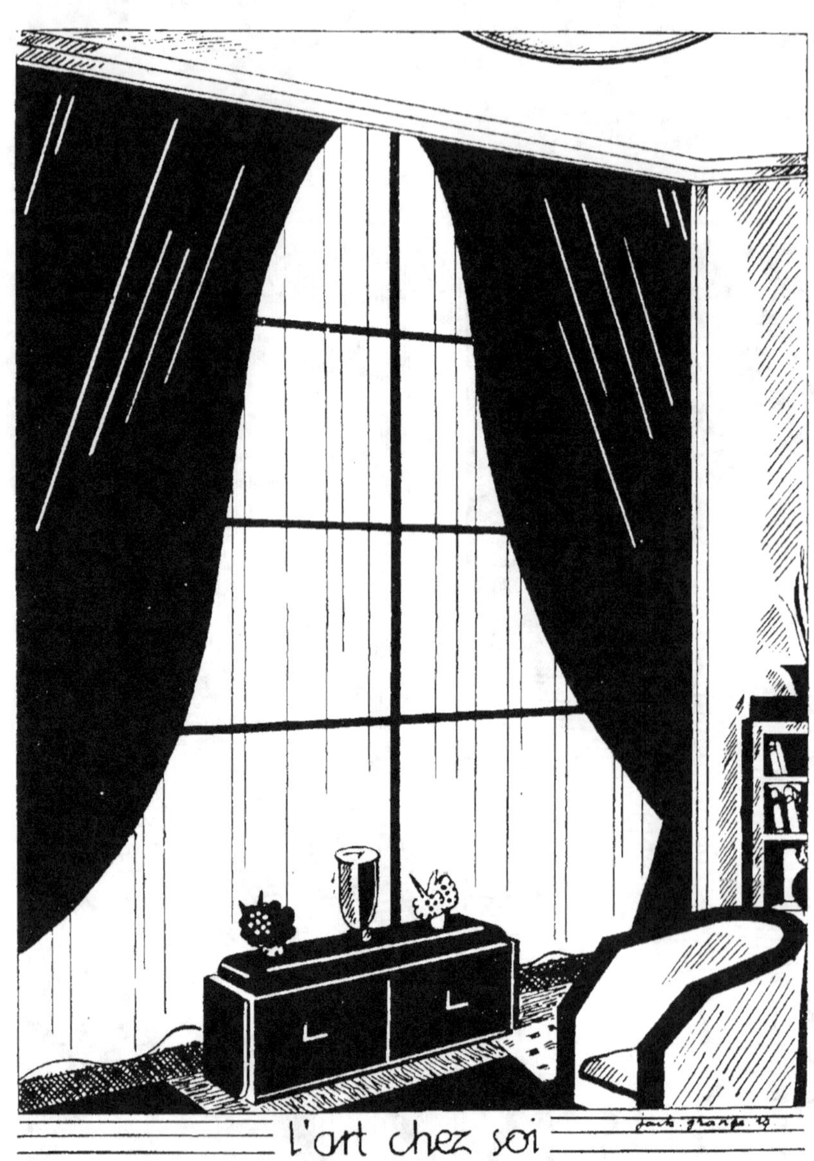

GOUFFÉ

46 - 48 - 5o, Faubourg Saint-Antoine, PARIS

Usines à SAINT-MANDÉ (Seine)

MUSÉE DES ARTS DÉCORATIFS
PAVILLON DE MARSAN — PALAIS DU LOUVRE
107, RUE DE RIVOLI

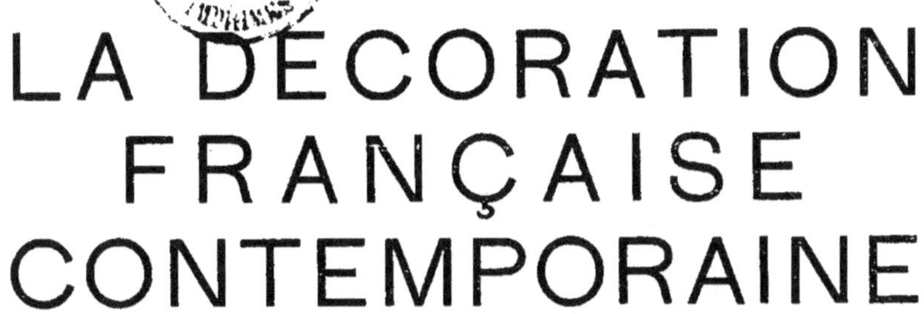

LA DÉCORATION FRANÇAISE CONTEMPORAINE

TROISIÈME EXPOSITION ORGANISÉE PAR LA FÉDÉRATION DES INDUSTRIES D'ART

CHAMBRE SYNDICALE DE L'AMEUBLEMENT
CHAMBRE SYNDICALE DES FABRICANTS DE BRONZES
CHAMBRE SYNDICALE DE LA CÉRAMIQUE ET DE LA VERRERIE
CHAMBRE SYNDICALE DE LA B. J. O.
CHAMBRE SYNDICALE DES DENTELLES ET BRODERIES
CHAMBRE SYNDICALE DES TAPISSERIES, TISSUS ET TAPIS D'AMEUBLEMENT
CHAMBRE SYNDICALE DE LA BIJOUTERIE FANTAISIE EN TOUS GENRES
CHAMBRE SYNDICALE DE L'ORFÈVRERIE D'ARGENT
CHAMBRE SYNDICALE DE L'ORFÈVRERIE ARGENTÉE
CHAMBRE SYNDICALE DES ÉDITEURS ET MARCHANDS D'ESTAMPES
CHAMBRE SYNDICALE DES FABRICANTS DE PRODUITS CÉRAMIQUES
CHAMBRE SYNDICALE DES TAPISSIERS-DÉCORATEURS
CHAMBRE SYNDICALE DES TRANCHEURS-DÉROULEURS
FÉDÉRATION DES FABRICANTS DE PAPIERS PEINTS
FÉDÉRATION DES SYNDICATS DE NÉGOCIANTS EN PAPIERS PEINTS
SOCIÉTÉ DE L'ART APPLIQUÉ AUX MÉTIERS

DU 25 JANVIER AU 17 MARS 1929

COMITÉ D'HONNEUR

M. LE MINISTRE DU COMMERCE.

M. LE MINISTRE DU TRAVAIL.

M. LE MINISTRE DE L'INSTRUCTION PUBLIQUE ET DES BEAUX-ARTS.

M. LE SOUS-SECRÉTAIRE D'ÉTAT DE L'ENSEIGNEMENT TECHNIQUE ET DES BEAUX-ARTS.

M. FERNAND DAVID, SÉNATEUR, ANCIEN MINISTRE, COMMISSAIRE GÉNÉRAL DE L'EXPOSITION DES ARTS DÉCORATIFS ET INDUSTRIELS MODERNES.

M. FERNAND CHAPSAL, SÉNATEUR, ANCIEN MINISTRE, PRÉSIDENT DU COMITÉ FRANÇAIS DES EXPOSITIONS.

M. PAUL LÉON, DIRECTEUR GÉNÉRAL DES BEAUX-ARTS, MEMBRE DE L'INSTITUT.

M. LABBÉ, DIRECTEUR GÉNÉRAL DE L'ENSEIGNEMENT TECHNIQUE.

M. BAUDET, PRÉSIDENT DE LA CHAMBRE DE COMMERCE.

M. MIGNOT-MAHON, PRÉSIDENT DU TRIBUNAL DE COMMERCE DE LA SEINE.

M. FRANÇOIS CARNOT, PRÉSIDENT DE L'UNION CENTRALE DES ARTS DÉCORATIFS.

M. ALPHONSE DEVILLE, CONSEILLER MUNICIPAL, PRÉSIDENT DE LA COMMISSION DES BEAUX-ARTS DE LA VILLE DE PARIS.

M. GEORGES CONTENOT, CONSEILLER MUNICIPAL ET VICE-PRÉSIDENT HONORAIRE DE LA DÉCORATION FRANÇAISE CONTEMPORAINE.

LA CONSERVATION DU MUSÉE DES ARTS DÉCORATIFS.

CONSEIL D'ADMINISTRATION

■ ■

PRÉSIDENT :	M. ALBERT GOUMAIN, PRÉSIDENT DE LA CHAMBRE SYNDICALE DE L'AMEUBLEMENT.
VICE-PRÉSIDENTS :	M. LEBLANC-BARBEDIENNE, PRÉSIDENT DE LA CHAMBRE SYNDICALE DES FABRICANTS DE BRONZES.
	M. HENRI-MARCEL MAGNE, PRÉSIDENT DE LA SOCIÉTÉ DE L'ART APPLIQUÉ AUX MÉTIERS.
	M. GÉO ROUARD, PRÉSIDENT D'HONNEUR DE LA CHAMBRE SYNDICALE DE LA CÉRAMIQUE ET DE LA VERRERIE.
TRÉSORIER :	M. A. SAGLIER.
ARCHITECTES :	MM. LEROY ET CURY.
SECRÉTAIRE ADMINISTRATIF :	MADAME JANE JOUANEAU.

■ ■ ■

COMITÉ D'ADMISSION

■ ■

MM.

PRÉSIDENT :	H.-M. MAGNE, PRÉSIDENT DE LA SOCIÉTÉ DE L'ART APPLIQUÉ AUX MÉTIERS.
VICE-PRÉSIDENT :	A. GOUMAIN, PRÉSIDENT DE LA CHAMBRE SYNDICALE DE L'AMEUBLEMENT.
SECRÉTAIRE RAPPORTEUR :	YVANHOE RAMBOSSON, SECRÉTAIRE GÉNÉRAL DE LA FÉDÉRATION DES SOCIÉTÉS FRANÇAISES D'ART.
CONSEILLER TECHNIQUE :	ARMAND MAOUS, PRÉSIDENT DE LA CHAMBRE SYNDICALE DES TRANCHEURS-DÉROULEURS.
MEMBRES :	A. FRÉCHET, ARTISTE DÉCORATEUR.
	CLOUZOT, CONSERVATEUR DU MUSÉE GALLIÉRA.
	ALFASSA, CONSERVATEUR ADJOINT DU MUSÉE DES ARTS DÉCORATIFS.
	GUÉRIN, CONSERVATEUR ADJOINT DU MUSÉE DES ARTS DÉCORATIFS.
	HENRY MERCIER, AMEUBLEMENT ET DÉCORATION.
	GÉO RÉMON, TAPISSIER DÉCORATEUR.
	FERNAND SADDIER, ÉBÉNISTE.
	LEROY ET CURY, ARCHITECTES.

COMITÉ D'INSTALLATION

LE COMITÉ D'INSTALLATION COMPREND TOUT LE COMITÉ D'ADMISSION AINSI QUE LES PRÉSIDENTS DES CHAMBRES SYNDICALES COMPOSANT LA FÉDÉRATION, ET LEURS DÉLÉGUÉS.

INSTALLATION GÉNÉRALE DE L'EXPOSITION

MM.

LEROY ET CURY,	ARCHITECTES.
PALMEIRO,	ENTREPRENEUR DE MENUISERIE.
FEIST,	— DE PEINTURE.
MILDÉ,	— D'ÉLECTRICITÉ.
PAZ ET SILVA,	ENSEIGNES LUMINEUSES.
COMTANT,	APPLIQUES LUMINEUSES.
DAMON,	VERRIER D'ART, PLAFOND LUMINEUX.
SIMONET,	— — PLAFOND LUMINEUX.
SABINO,	PLAFOND LUMINEUX (LES CUBES). COLONNES LUMINEUSES.
ARBEY,	MEUBLES DU SECRÉTARIAT.

CATALOGUE

M. ANDRÉ BLOC, ÉDITEUR.

AFFICHES, IMPRIMÉS, PANCARTES

M. COQUEMER, IMPRIMEUR.

INTRODUCTION
par M. Albert GOUMAIN
Président de la Décoration Française Contemporaine

■ ■

Lors de notre première manifestation de 1922 qui eut la fortune d'être bien accueillie par la presse et le public, notre Fédération se proposait surtout de préparer l'Exposition de 1925. Le gros effort que firent alors nos industriels ne fut pas inutile. Toutefois, par suite de circonstances économiques consécutives à la liquidation de la guerre, la plupart de nos industries ont dû subir une période d'affaires difficiles, période qui semble heureusement toucher à sa fin. Nous pouvons espérer maintenant recueillir le bénéfice de notre effort de 1925 à la condition toutefois que nous continuions à observer la discipline qui nous a valu les plus encourageantes approbations.

Le public qui vint en foule à l'Exposition Internationale fut à la fois surpris et conquis par l'Art Décoratif Moderne qui lui ouvrait tout un nouvel aperçu sur les possibilités d'installations et d'aménagements intérieurs.

Le moment nous a paru opportun pour coordonner les efforts des industriels et éditeurs d'art. Grâce à l'entente entre notre groupement et l'Union Centrale des Arts Décoratifs, nous disposons des salles du Pavillon de Marsan. Il ne fallait pas songer à grouper chaque année toutes nos industries dans un espace aussi réduit. D'ailleurs le délicat travail des créateurs de modèles et le recueillement qu'il exige ne justifient pas des expositions annuelles des mêmes spécialités.

Aussi nous avons réparti sur un cycle de trois ans la participation de nos différentes industries. Cette année, c'est l'Ameublement qui fait l'objet principal de l'Exposition, mais il est bien entendu qu'en raison des liens étroits qui le lient aux autres industries d'art, celles-ci restent intéressées parfois même d'une façon très directe à cette manifestation.

Nous avons été heureux de constater parmi tous les exposants une bienfaisante émulation et une collaboration de plus en plus cordiale avec les artistes créateurs de modèles. Chacun de nous doit être aujourd'hui parfaitement convaincu que le rôle de l'artiste est essentiel dans tous les arts appliqués modernes et que les droits de l'auteur d'un modèle doivent être scrupuleusement respectés. C'est à cette entente loyale entre industriels et artistes que l'on doit un travail fécond qui se fait dans tous les studios où s'élaborent les ensembles mobiliers qui seront l'honneur de notre époque.

Nous espérons que le public réservera encore une fois bon accueil à cette nouvelle manifestation et nous demandons à tous ceux qui pourraient être tentés de mal apprécier notre effort de mesurer auparavant la difficulté de notre tâche et le mérite qui revient à ceux qui ont le courage de renoncer aux formules périmées pour créer un mobilier nouveau. Nous ne prétendons pas réaliser dès nos premières tentatives des œuvres exemptes de toutes imperfections, mais nous tenons à affirmer que les industriels de l'Ameublement et ceux de notre "Vieux Faubourg" en particulier ont fait preuve d'une parfaite connaissance des nécessités de la vie moderne. Le public français, avec son bon sens habituel, saura nous comprendre. Nous espérons que l'Étranger appréciera également les efforts de nos ébénistes contemporains, dignes descendants des célèbres artisans d'autrefois.

A. GOUMAIN,
Maître Ébéniste.

AVANT-PROPOS

Cette Exposition n'est pas une tentative nouvelle. A plusieurs années d'intervalle, elle constitue la deuxième manifestation d'une même bonne volonté, d'un même désir vers le mieux.

Pour en bien dégager aux yeux du public la signification, revoyons les faits.

Lorsque, sur la proposition de M. François Carnot, l'Exposition internationale des Arts décoratifs et industriels modernes fut décidée par le Parlement, ceux qui depuis longtemps s'étaient faits les défenseurs de conceptions nouvelles appropriées à notre époque, furent à la fois remplis d'allégresse et de craintes. Ils se réjouissaient de voir leurs idées prises en considération de façon officielle, mais ils se demandaient aussi avec appréhension si cette victoire ne serait pas, comme au début du siècle, suivie d'une défaite et d'un recul. Un art, si noble, si sincère soit-il, ne peut durer à notre époque que s'il arrive par certains côtés à intéresser la masse. S'il demeure la satisfaction de quelques-uns, il apparaît d'avance condamné à une existence éphémère.

Or, à travers leurs transformations successives, les créations des artistes n'avaient pas cessé de revêtir le caractère exceptionnel de ce qu'on appelle la pièce unique. L'industrie et le négoce seuls avaient le pouvoir, en s'intéressant aux idées nouvelles, de les sélectionner en vue de donner une existence commerciale à celles d'entre elles qui paraissaient pratiquement les plus réalisables. Mais, après les déboires trop connus de 1900, arriverait-on à assurer la participation des fabricants? Question de vie ou de mort pour l'art moderne. Succès ou faillite de la section française dans l'exposition qui se préparait.

La Fédération des Sociétés françaises d'Art, présidée par M. François Carnot, et dont j'ai l'honneur d'être le secrétaire général, avait, dès le début de la période de préparation de l'Exposition, saisi que la besogne la plus urgente était de rétablir entre artistes et industriels une union devenue à peu près inexistante. Le pastiche, la copie des styles anciens ne s'étaient imposés à la production qu'à la faveur du divorce survenu entre la pensée créatrice et l'exécution à la suite de la destruction des corporations.

Pour rétablir la liaison, la Fédération des Sociétés françaises d'Art imagina de provoquer des réunions périodiques entre les représentants des artistes et les délégués des Chambres syndicales des industries d'art. A cette initiative est en grande partie dû le succès de l'Exposition de 1925. Par bonheur, en effet, la Société d'Encouragement à l'Art et à l'Industrie, heureusement inspirée, avait désigné pour la représenter dans les Conseils de la Fédération, deux industriels, MM. Goumain et Contenot, l'un président de la Chambre syndicale de l'Ameublement, l'autre président de la Chambre syndicale des Fabricants de Bronzes. Leur présence au milieu des artistes et des critiques délégués par les autres sociétés établissait en fait la connexion désirée. Il ne s'agissait plus que de l'élargir et de l'intensifier. MM. Goumain et Contenot s'y employèrent avec le plus énergique dévouement. Grâce à eux, les principaux chefs des industries d'art, introduits dans les réunions présidées par M. François Carnot, adhérèrent au mouvement.

C'est alors que dans leur souci de faire œuvre saine et féconde, groupant leurs Chambres syndicales en un faisceau homogène, ils fondèrent la *Décoration Française Contemporaine* et songèrent à mobiliser leurs forces en une sorte de répétition générale qui fut, en 1922, à la même place qu'aujourd'hui, au Musée des Arts Décoratifs, la première exposition organisée par les industries d'art. Date mémorable marquant le retour des beaux métiers de France à leur véritable tradition, celle d'une gestation continue, suivant l'évolution des mœurs, de l'état social, de la mode et du goût.

Le galop d'essai de 1922 prépara la course victorieuse de 1925.

Mais triompher ne suffit pas. La grande manifestation à laquelle présida M. Fernand David resterait sans lendemain si on se contentait désormais des résultats acquis. La vie, elle, ne s'arrête point. L'activité étrangère non plus. Les architectes et décorateurs allemands ne se préparent-ils pas à participer largement à l'un de nos Salons dans un délai peu éloigné? D'ici là, ils feront à l'Exposition de Barcelone un effort considérable. Ainsi, nous sommes constamment obligés de défendre les positions conquises. Comme le disait récemment M. Goumain, il ne s'agit plus de préparer la victoire, mais de l'exploiter, ce qui est parfois aussi difficile.

Mes lecteurs perçoivent, je pense, les raisons d'être de l'Exposition présente. L'époque des recherches parfois extravagantes et des tâtonnements est passée. Il s'agit maintenant de faire méthodiquement appel à l'expérience, d'améliorer les trouvailles, d'aller au maximum du confort et de l'élégance, de constituer progressivement le style de tout à l'heure. Durant quelques années, ce sera la véritable tâche, jusqu'au jour où le cycle actuel, étant accompli, fera place à d'autres. Pour l'instant, une période de stabilisation et de perfectionnements succède aux audacieuses années de la prospection.

C'est le moment de l'examen de conscience. Les inventions doivent être passées au crible de la logique. Un choix doit s'opérer peu à peu entre les formes afin d'éliminer tout ce qui est inutile, seulement bizarre ou sans cause. Il faut arriver à créer des objets répondant d'une façon parfaite à leur usage tout en donnant par leur aspect une impression d'équilibre et d'harmonie. De telles productions doivent séduire à la fois notre raison et notre sensibilité. Si on les soumet à ce double critérium, on évitera de sacrifier à la mode dont la fantaisie est par trop transitoire.

Qu'on me permette un exemple. Il est de mode de construire des meubles à la manière de nos édifices en béton, en se servant uniquement de verticales et d'horizontales. Pourtant ce qui est normal dans un édifice dont l'ordonnance est commandée par des procédés de construction, ne l'est pas dans l'organisation du home, où l'on doit éviter les angles vifs. On n'est pas moderne parce qu'on se prive volontairement de toute ligne incurvée. Le langage plastique se sert de droites et de courbes, comme le langage parlé utilise des consonnes et des voyelles. Les deux éléments sont indispensables à l'expression. Si les parties rectilignes traduisent la force, ce sont les galbes qui modulent les nuances et qui nous touchent. Les créateurs d'aujourd'hui et de demain doivent faire fi des partis pris et employer les moyens qu'ils ont à leur disposition en toute ingénuité. Ce sera la meilleure méthode d'arriver à des dispositions et des aspects en rapport intime avec cette nouveauté que l'accroissement de nos connaissances fait surgir sans arrêt autour de nous.

Avant de clore ces notes, je veux, pour dissiper un malentendu, souligner le caractère spécial de cette manifestation dont quelques artistes décorateurs ont pris ombrage. Les organisateurs de cette Exposition n'ont pas eu l'intention de refaire quelque chose de semblable à ce qui existe déjà par ailleurs. Les Salons, qui sont surtout l'œuvre d'architectes et de décorateurs, ont une mission toute particulière. Leur rôle est de maintenir un idéal de perfection dont les fabrications plus courantes doivent tendre à se rapprocher.

La Décoration Française Contemporaine désire au contraire favoriser une production commerciale qui, tout en conservant un caractère artistique, puisse rester accessible aux classes moyennes. Elle ne nuit pas aux Salons existants; elle les complète.

Une loyale entente entre les dirigeants de toutes les sociétés pourrait laisser à chaque organisation un domaine bien défini dans lequel son activité s'exercerait au profit de l'intérêt général de nos arts appliqués.

Yvanhoe Rambosson.

EXTRAIT DU RÈGLEMENT GÉNÉRAL DE L'EXPOSITION

■ ■

CLASSIFICATION GÉNÉRALE

ARTICLE PREMIER. — Des Expositions d'Art Décoratif et Industriel modernes sont organisées par la Fédération des Industries d'Art, fondée en 1921 et comprenant :

CHAMBRE SYNDICALE DE L'AMEUBLEMENT.
CHAMBRE SYNDICALE DES FABRICANTS DE BRONZES.
CHAMBRE SYNDICALE DE LA CÉRAMIQUE ET DE LA VERRERIE.
CHAMBRE SYNDICALE DE LA BIJOUTERIE, JOAILLERIE, ORFÈVRERIE.
CHAMBRE SYNDICALE DES DENTELLES ET BRODERIES.
CHAMBRE SYNDICALE DES TAPISSERIES, TISSUS ET TAPIS D'AMEUBLEMENT.
CHAMBRE SYNDICALE DE LA BIJOUTERIE FANTAISIE EN TOUS GENRES.
CHAMBRE SYNDICALE DE L'ORFÈVRERIE D'ARGENT.
CHAMBRE SYNDICALE DE L'ORFÈVRERIE ARGENTÉE.
CHAMBRE SYNDICALE DES ÉDITEURS ET MARCHANDS D'ESTAMPES.
CHAMBRE SYNDICALE DES FABRICANTS DE PRODUITS CÉRAMIQUES.
CHAMBRE SYNDICALE DES TAPISSIERS DÉCORATEURS.
CHAMBRE SYNDICALE DES TRANCHEURS-DÉROULEURS.
FÉDÉRATION DES FABRICANTS DE PAPIERS PEINTS.
FÉDÉRATION DES SYNDICATS DE NÉGOCIANTS EN PAPIERS PEINTS.
SOCIÉTÉ DE L'ART APPLIQUÉ AUX MÉTIERS.

Elles ont le titre de :

LA DÉCORATION FRANÇAISE CONTEMPORAINE

et sont réservées aux membres des groupements précités.

■ ■

EMPLACEMENT & DATE

ART. 2. — Ces Expositions sont annuelles ; elles auront lieu pendant trois ans au Musée des Arts Décoratifs (Pavillon de Marsan), 107, rue de Rivoli.

■ ■

PROGRAMME

ART. 3. — Leur programme comprend un cycle de trois années :

Première année : Exposition principale : Ameublement.

Deuxième année : Exposition principale : Tissus d'ameublement, Tapisserie, Tapis, Papiers peints, Gravures et Estampes.

Troisième année : Exposition principale : Bijouterie, Joaillerie, Orfèvrerie, Bronze, Céramique et Verrerie.

Chaque année, toutes les industries qui ne concernent pas l'Exposition principale apportent à celle-ci, dans son cadre, leur collaboration.

ADMISSION

ART. 4. — Sont admises à l'Exposition, les œuvres d'une inspiration nouvelle et d'une originalité réelle, exécutées et présentées par les industriels, artisans et éditeurs.

En sont rigoureusement exclues les copies et imitations des styles anciens. Les objets doivent être accompagnés de mentions indiquant les noms des fabricants, artisans ou éditeurs et, s'il y a lieu, ceux des créateurs de modèles.

COMITÉ D'ADMISSION

ART. 6. — Les demandes d'admission sont soumises à l'examen d'un Comité d'admission.

Ce Comité est composé de membres choisis :

1° Parmi les industriels;

2° Parmi les créateurs de modèles;

3° Parmi les personnalités spécialement qualifiées par leurs fonctions ou leur compétence.

ART. 7. — Le Comité d'admission examine les demandes du 1er au 15 septembre; il admet ou refuse les objets présentés, sur le vu des documents joints aux demandes d'admission définitive.

Le Comité d'admission se réserve, pour tous les exposants, le droit de refuser sans avoir à apprécier leur valeur d'art :

1° Les objets qui dépasseraient les dimensions normales pour l'emplacement disponible;

2° Ceux qui, pour une raison quelconque, nuiraient à la bonne tenue de l'Exposition;

3° Ceux enfin qui ne rentreraient pas dans le programme de l'Exposition indiqué à l'article 3.

Le caractère général des objets présentés à l'admission, tel qu'il résultera des photographies, dessins ou esquisses, jointes aux demandes d'admission, ne peut être modifié sans nouvel examen du Comité qui a statué sur l'admission.

RÉCEPTION DES OBJETS

ART. 8. — Le Comité d'admission reçoit les objets, au moment de leur dépôt, au Musée des Arts Décoratifs.

COMITÉ D'INSTALLATION

ART. 9. — Le Comité d'installation est nommé par le Conseil d'admission.

LISTE GÉNÉRALE DES EXPOSANTS

BAL (Roger), 16, rue de Sèvres, Paris (7e).

> Modèles composés par **M. Roger Bal.**

Stand n° 20.

ENSEMBLE DE CHAMBRE A COUCHER EN LOUPE D'AMBOINE COMPRENANT :

1 BAHUT.
1 COMMODE.
1 LIT.
2 BIBLIOTHÈQUES DE CHEVET.
1 FAUTEUIL.
1 TABOURET POUF.
1 PARAVENT.
1 TAPIS POINT NOUÉ.
1 DÉCOR DE FENÊTRE.

Collaborateurs :

VANDERBORGHT Fils : Tenture murale.
F. GRANGE, édition G. A. M. : Lustre, lampes de chevet et applique.
RODIER : Dessus de lit « Exclusivité Bouix ».

Estrade

1 BAHUT PALISSANDRE.

BOUILLOT, 56, Faubourg Saint-Antoine, Paris (12e).

> Modèles composés par **M. Bouillot.**

CHAMBRE DE JEUNE FILLE (SYCOMORE ET RONCE DE AVO-DIRÈ).

Collaborateurs :

FARGETTE, 16, rue du Parc-Royal : Eclairage.
FOLLOT, boulevard Diderot : Papiers peints.
COUPÉ, rue Thérèse : Tapis.

BRUNET, MEUNIÉ & Cie, 13, rue d'Uzès, Paris.

CRÉATIONS MODERNES : Soieries, Impression, Tapis.
Seuls Editeurs des dessins de **Bénédictus**.

COLIN, DOMANGE ET Cie, 74, Faubourg Saint-Antoine, Paris.
(Voir **KRIEGER**).

STUDIO.

DARRAS, 39, rue de la Roquette, Paris (11e).
(METRA, LECUYER & Cie, Successeurs).
Modèles composés par **M. Métra**.

Estrade

2 FAUTEUILS.

DECAUX & MAOUS, 97, Faubourg Saint-Antoine, Paris (11e).
Modèles composés par **MM. A. Decaux et R. Maous**.

Stand n° 34.

CHAMBRE EN PALISSANDRE VERNI.

Collaborateurs :

JUNGMANN & Cie, 108, rue Montmartre, Paris : Fourrures.
ROBJ, 3, cité d'Hauteville, Paris : Bibelots d'art.
Auguste DELAHERCHE : Vases. (Edité par les Ateliers d'art « Légédé », le Grand Dépôt, 21-23, r. Drouot, Paris.)
CAZAUX : Coupes. (Edité par les Ateliers d'art « Legédé ». le Grand Dépôt, 21-23, rue Drouot, Paris.)

DENNERY (Georges, Emile et Jacques), 6, rue Moreau, Paris (12e).
Modèles composés par **M. E.-L. Bouchet**.

Estrade.

GRANDE COMMODE EN CHÊNE MACASSAR, POIGNÉES EN MÉTAL ARGENTÉ.

DUSAUSOY, 41 boulevard des Capucines, Paris (9e).
Vitrine composée par **M. Paul Joly**, exécutée par **M. Palmeiro**.

BIJOUX.

EPEAUX & Fils, 81, avenue Ledru-Rollin, Paris (12e).

Modèles composés par **M. H. Epeaux.**

Stand no 12.

SALLE A MANGER EN LOUPE D'AMBOINE COMPRENANT :
1 BUFFET.
1 DESSERTE.
1 TABLE.
6 CHAISES.

Collaborateurs :

DUCHESNE & BINET : Tissus.
FOLLOT : Papiers peints.
GODIN : Service de table. Céramique. Verrerie.
SIMONET Frères : Eclairage.
DA SYLVA BRUHNS : Tapis.
Société des Vernis VALENTINE : Vernis.

FEUSER & PERRIN, 228 bis, Fbg Saint-Antoine, Paris (12e).

Modèle composé par **MM. Feuser & Perrin.**

Estrade.

BAHUT EN MAÏ-DOU ET RONCE MAÏ-DOU, DESSUS MARBRE
VERT DE MER, COTÉS A FACETTES EN AVANT-CORPS, INTÉ-
RIEUR DU MEUBLE CORAIL VERNI.

Collaborateur :

BENON (Alfred), statuaire, 25, rue Jean-Dolent, Paris
(14e arr.. Sujet en étain : « Olympia ».

FOURNIER Frères, 21, Faubourg Saint-Antoine, Paris (11e).

Modèles composés par **M. Jean-Huber Pellier.**

Stand no 21.

SALLE A MANGER.

Collaborateurs :

Ateliers d'art « Legédé » (Grand Dépôt, 21-23, rue
Drouot, Paris): Verrerie. Argenterie, Bibelots, Service
de table.
Paul CLEMENT. 15, avenue Hoche, Thiais : Céramiques.
J.-H. PELLIER : Service de table, édité par les Ateliers
d'art « Légédé » et Appareil d'éclairage, édité par Leleu,
53, Fbg Saint-Antoine. Paris (11e).
DELMOTTE. 60, rue de Verneuil, Paris : Tableau.
PONGOR, 75, faubourg Saint-Antoine. Paris: Miroiterie.

GOUFFÉ, 46-48-50, Faubourg Saint-Antoine, Paris (12e).
Meubles de **M. Jean Bart.**
Décoration de **M. France Weber.**

Stand n° 31.

CABINET DE TRAVAIL.

Collaborateurs :

SAUPIQUE : Statuaire.
PRIVAT ET JOUDRIER : Fer forgé.
SIMONET FRERES : Eclairage.
CARDEILHAC : Orfèvrerie.
ROUARD : Céramique.
BRUNET, MEUNIÉ ET Cie : Tissus.
Tissu RODIER : Ameublement, en exclusivité Lucien
Bouix.
Marcel COUPÉ : Tapis.

GUERIN Frères, 10 à 14, Fbg Saint-Antoine, Paris (12e).
Modèles composés par **M. Jean Champion.**

Stand n° 10.

SALLE A MANGER EN LOUPE D'AMBOINE ET MARQUETERIE
IVOIRINE.

Collaborateurs :

CAPPELIN, 4, rue Saint-Philippe-du-Roule, Paris :
Eclairage, Céramique, Service de table, Verrerie, Bibe-
lots.
NOEL, 2, rue Guynemer : Napperon.
COUPE (Marcel), 6, rue Thérèse : Tapis point noué.

HAENTGES Frères, 6, rue Titon, Paris (11e).
Modèle composé par **MM. Théodore & Jean
Haentgès.**

Estrade.

MEUBLE EN PALISSANDRE ET AMBOINE.

JACQUEMIN Frères, 44, rue du Vieux-Marché-aux-Vins,
Strasbourg.
Modèles composés par **A. Fréchet.**

Stand n° 25.

BUREAU.
CABINET DE TRAVAIL.

Collaborateurs :

BRUNET, MEUNIÉ ET Cie : Tentures, tapis.

JEANSELME (Ch.), 47, Grande-Rue, Saint-Maurice (Seine).
Modèles composés par **M. Maurice Hélle.**

Stand n• 13.

CHAMBRE A COUCHER.

Collaborateurs :

ERIC BAGGE : Tissu (Création Eric Bagge). Edité par Lucien Bouix.
MARCEL COUPÉ : Point noué.
Moquette : « Tapis-Molière ».
ANDRÉ MARTIN, ingénieur éclairagiste.
DAUM, verrier d'art.
PAUL CLÉMENT : Céramiques, éditées par Georges Clément, à Thiais (Seine).
SUSSE : Bronze (Création de Rivoire).
LOUIS JOU et JACQUES MARET : Bois originaux (Le Goupy, éditeur).
Auré BOUSSOIS : Miroir.
CHARLES OUSSET, miroitier.
« A LA REINE D'ANGLETERRE » : Fourrure.

KRIEGER (S. A.), 74, Fbg Saint-Antoine, Paris (12°).

Nice, Le Caire, Alexandrie.

Modèles composés par **MM. Edouard Dolé, Roger Parisot, Cheyer, Lambin, Mme Raisin.**

Stand n° 8.

Collaborateurs :

Mme POTEL : Céramique d'art.
DAMON : Verrerie.
André LAGRANGE : Peinture décorative.
RODIER : Tissus. Tentures. Dentelles.
SUBER & PANSU : Tissus. Tentures. Dentelles.
BENEDICTUS : Tapis (édité par la Manufacture de Cogolin).
JUNGMANN : Fourrures.
PUIFORCAT : Argenterie.
MANUFACTURE NATIONALE DE SEVRES : Bibelots.
MAISON CLEMENT : Bibelots.

LE MARDÉLÉ (G. et L.), 113-115, Faubourg Saint-Antoine, Paris (12°).

Modèles composés par **M. André Starck.**

Stand n° 14.

BUREAU D'UN ARCHITECTE.
MEUBLES EN BOULEAU DU CANADA.

Collaborateurs :

SOCIETE INDUSTRIELLE DES TELEPHONES : Tapis caoutchouc.
ATELIER D'ART « SAND » : Verres gravés et lampe.
DE COSTA : Bronze (édité par Barbedienne).
DELAHALLE. architecte : Maquette et Plan.
FLAMMARION : Livres, reliures.

LE SYLVE (Atelier d'art du BUCHERON), 10, rue de Rivoli, Paris (4e).

Modèles composés par **M. Michel Dufet.**

Stand no 17.

UN BAR-RESTAURANT.

Collaborateur :

M. Géo ROUARD : Verrerie et services de table.

LEVIEIL, 18, rue La Fayette, Paris (10e).

Modèles composés par **M. Charles Levieil.**

Estrade.

BUREAU DE DAME ET FAUTEUIL DE BUREAU, EN PALISSAN-
DRE GAINÉ DE MAROQUIN NATUREL.
APPAREIL D'ÉCLAIRAGE EN ALBATRE.

LOUIS (Félix), 37, rue Victor-Hugo, Pantin.

Ensemble composé par **M. Haubold.**
Meubles composés par **M. Jacques Chevalier.**

Stand no 4.

Collaborateurs :

ETABLISSEMENTS BOUFFERET : Marqueterie de paille.
LES MOSAIQUES NOEL : Parquet.
PINTEL : Jouets.
Gaston DECAMPS : Jouets mécaniques.
Mlle Andhrée D'HEUREUX : Tapis.

MAJORELLE Frères & Cie, Nancy.

Modèles composés par **M. Alfred Lévy.**

Stand no 22.

PETIT COIN DE STUDIO. EXÉCUTION EN FRÊNE ET AVODIRÉ
VERNI.

MERCIER Frères, 100, Fbg Saint-Antoine, Paris (12º), et PALAIS DE MARBRE, 77, av. des Champs-Elysées, Paris (8º).

Modèles composés par **M. Eric Bagge.**

Stand nº 33.

STUDIO HALL.

Collaborateurs :

Lucien BOUIX, 7, rue du Mail, Paris : Tissus et tapis.
Pierre TRAVERSE : Statuaire.
SAUVAGE : Panneau décoré.
ROBJ : Lampes et bibelots.
A. BAC, miroitier, 119, Fbg Saint-Antoine, Paris.

OLIVIER-DESBORDES & Cⁱᵉ, 2, place d'Aligre, Paris (12º).

Modèles composés par **André-Alexandre Desbordes.**

Stand nº 26.

COIN DE SALLE A MANGER, PALISSANDRE ET MÉTAL.

Collaborateurs :

SABINO : Eclairage.
ROUARD : Service de table et verrerie.
FOLLOT : Papiers peints.
MARCEL COUPÉ : Tapis.
MAD. CHABERT-DUPONT : Dentelles.
TETARD Frères : Argenterie.

PIGEON, 42, rue de Reuilly, Paris (12º).

Modèle de **M. Pigeon fils.**

Estrade.

BUFFET EN AMBOINE.

Collaborateurs :

MARCEL GIMOND : Femme couchée, en grès, de G. Serre. Editée par Rouard.

PROU-CHEVALIER, 20, rue Sedaine, Paris (11º).

Modèles composés par **MM. Prou-Chevalier.**

Estrade.

2 SIÈGES.

ROBJ, 3, cité d'Hauteville, Paris (10°).

> Vitrine composée par **M. Paul Joly** et exécutée par **M. Palmeiro**.

1 STATUETTE, COW-BOY, DE M. TOULGOUAT, SCULPTEUR.
1 ENSEMBLE, DON QUICHOTTE ET SANCHO PANÇA, DE M. TOUL-GOUAT.
1 SÉRIE DE FLACONS A LIQUEUR, DE M. JEAN LE SEYEUX.

ROUMY, 53, rue de la Roquette, Paris (11°).

> Modèles composés par **M. Paul Joly.**

Stand n° 16.

LOGE D'ARTISTE.

Collaborateurs :

COUPE, 6, rue Thérèse : Tapis.
ROBJ : Bibelots.
ROUARD : Bibelots.
GOTTHELF : Emaux.

ROUX-BAUDRAND Frères, 50, rue de Picpus, Paris.

PARAVENT QUATRE FEUILLES.
DOUBLE FACE EN PANNEAUX DE MARQUETERIE MASSIVE.

SADDIER & ses Fils, 29-31, rue des Boulets, Paris (11°).

> Modèles composés par **MM. F. & G. Saddier.**

SALLE A MANGER PALISSANDRE ET LOUPE DE NOYER.

Collaborateurs :

SABINO, verrier d'art, 17, r. St-Gilles : Frise lumineuse.
ROUARD, 34, avenue de l'Opéra : Services de table et verrerie (Modèles de Marcel Goupy).
PRIVAT ET JOUDRIER, 79, rue Compan : Ferronnerie.
BRUNET, MEUNIÉ ET Cⁱᵉ, 13, rue d'Uzès : Tissus, tentures.
COUPÉ, 6, rue Thérèse : Tapis.
Mˡˡᵉ LE HUCHER, 9, rue du Trésor : Rideaux et napperons.
LAPPARA, 157, rue du Temple : Argenterie.
J. COSTE : Bronze fondu et édité par Barbedienne, 30, boulevard Poissonnière, Paris.
ROUX-BAUDRAND, 50, rue de Picpus : Parquets.

SANYAS & POPOT, 210, Fbg Saint-Antoine. Paris (11ᵉ).

Modèles composés par **M. Maurice Sanyas,** 48. rue
de Tocqueville, Paris (17ᵉ).

Estrade.

BUREAU DE DAME EN PALLISSANDRE DE RIO ET SYCOMORE
BLANC,
AVEC SON FAUTEUIL, MÊMES BOIS, GARNI SOIERIE ROSE.

Collaborateurs :

BOUIX, 7, rue du Mail, Paris : Tissus, tentures.
COUPÉ. 6, rue Thérèse, Paris : Tapis.

SCHMIT & Cⁱᵉ, 22, rue de Charonne, Paris (12ᵉ).

Modèles composés par **M. Georges Raymond,** architecte D.P.L.G. et S.A.D.G.

Stand nº **31.**

CABINE DE LUXE DU PAQUEBOT « FÉLIX-ROUSSEL » (LIGNE
DE CHINE ET JAPON DE LA SOCIÉTÉ DES SERVICES CONTRAC-
TUELS DE LA COMPAGNIE DES MESSAGERIES MARITIMES).

Collaborateurs :

M. PRIOU, à La Celle-Saint-Cloud : Laques.

SIMON (Ateliers MARC), 89, Fbg Saint-Antoine, Paris (12ᵉ).

Stand nº **38.**

CABINE DE LUXE POUR DEUX PERSONNES, SUR LE PAQUEBOT
« ERIDAN », DE LA COMPAGNIE DES MESSAGERIES MARITIMES.

Modèles composés par **M. Georges Raymond.**

GRAND BUFFET, FAUTEUIL ET GRAND PANNEAU DÉCORATIF EN
MARQUETERIE POUR UNE SALLE A MANGER DE PAQUEBOT.

Modèles composés par **M. Lardin.**

Collaborateurs :

ETABLISSEMENTS GRANOUX ET Cⁱᵉ. Marseille : Eclairage de la cabine.
BRUNET, MEUNIÉ ET Cⁱᵉ. 13, rue d'Uzès, Paris : Tentures et tapis.
M. LOUIS GIGOU, 5, rue de Charonne, Paris : Serrurerie
d'art.
Ateliers MARC SIMON : Eclairage de la salle à manger.

SOUBRIER, 14, rue de Reuilly, Paris (12°).
Modèles composés par **M. A. Lavezzari.**

Stand n° 36.

LA CHAMBRE DE DAME.

Collaborateurs :

VAN DEN BORGHT : Tissus.
SUSSE : Bronze.
LE CAPLAIN-LE GOUPY : Estampes de Van Dongen.
Utrillo, Marquet, Hetsh.
ROBJ : Objets d'art.
HENIN : Orfèvrerie.
CLÉMENT : Céramique.
COUPÉ : Tapis.

VEROT (E.), 3, boulevard Richard-Lenoir, Paris (11°).
Modèles composés par **M. A. Fréchet.**

Stand n° 35.

CHAMBRE A COUCHER EN BOULEAU DU CANADA COMPRENANT :
ARMOIRE.
MIROIR TROIS FACES.
LIT-DIVAN.
COIFFEUSE.

Collaborateurs :

BARBEDIENNE : Bronzes.
ROUARD : Céramique.
VUITTON : Garniture de coiffeuse.
BRUNET, MEUNIÉ ET Cie : Tentures et tapis.
GENET ET MICHON : Appareils d'éclairage.

VUITTON (Louis), 70, av. des Champs-Elysées, Paris (8°).
Modèles composés par **M. Gaston L. Vuitton.**

Stand n° 18.

MEUBLE A BROSSES.
DIVERS FLACONS.

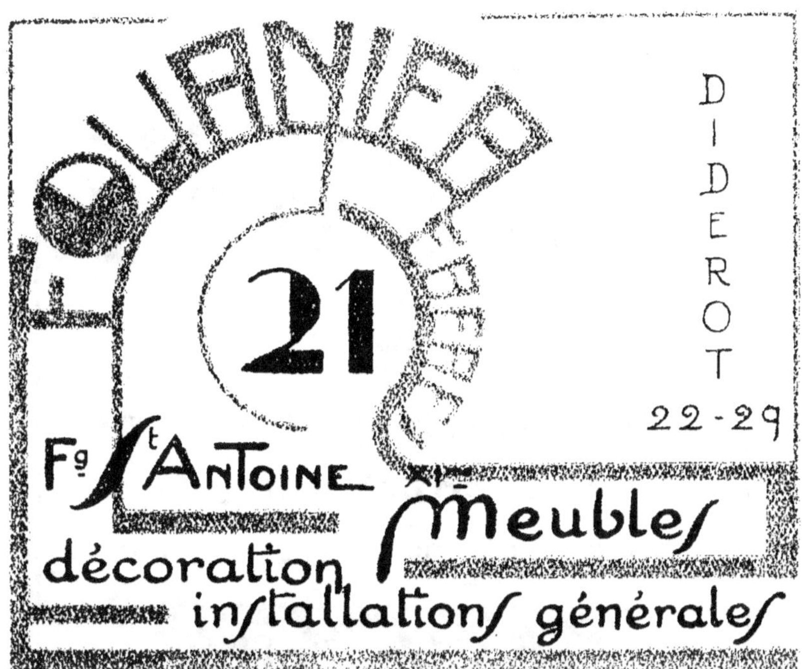

ÉDITIONS D'ART

ANDRÉ BLOC - 5, RUE BARTHOLDI, BOULOGNE (SEINE)